KB112491

# 관세사무소에서
# 희망을 찾다

# 관세사무소에서 희망을 찾다

| | |
|---|---|
| 발행일 | 2021년 1월 29일 |

| | | | |
|---|---|---|---|
| 지은이 | 김상균 | | |
| 펴낸이 | 손형국 | | |
| 펴낸곳 | (주)북랩 | | |
| 편집인 | 선일영 | 편집 | 정두철, 윤성아, 배진용, 이예지 |
| 디자인 | 이현수, 김민하, 한수희, 김윤주, 허지혜 | 제작 | 박기성, 황동현, 구성우, 권태련 |
| 마케팅 | 김회란, 박진관 | | |
| 출판등록 | 2004. 12. 1(제2012-000051호) | | |
| 주소 | 서울특별시 금천구 가산디지털 1로 168, 우림라이온스밸리 B동 B113~114호, C동 B101호 | | |
| 홈페이지 | www.book.co.kr | | |
| 전화번호 | (02)2026-5777 | 팩스 | (02)2026-5747 |

| | | |
|---|---|---|
| ISBN | 979-11-6539-591-9 13320 (종이책) | 979-11-6539-592-6 15320 (전자책) |

현직 관세사의 개업 과정과
영업 방법에 대한 생생한 이야기

# 관세사무소에서
# 희망을 찾다

김상균 지음

해외직구가 활발해지고
메가 FTA 시대가 도래하면서
각광받고 있는 직업, 관세사
하지만 덜컥 사무실부터 냈다가는
낭패를 보기 십상이다

현직 관세사가 긴 여정을 거쳐 사무실을 낸 뒤
생존과 성공의 토대를 만들어가는
과정을 세밀화처럼 그려냈다!

북랩 book Lab

2003년 10월 10일 금요일 〈대한매일〉 신문에서는 4페이지에 2003년도(제20회) 관세사자격시험 최종합격자를 공고하였습니다. 그날을 뚜렷이 기억합니다. 합격이었습니다.

동행 관세사무소는 2018년 2월 1일 관세, 무역 및 물류 분야에서 실무 경험과 이론을 갖춘 관세사와 컨설턴트가 뜻을 모아 설립되었습니다.

그리고 우리 모두가 경험하지 못한 힘들고 어려운 2020년을 지나 2021년 지금 자리에 있습니다.

저의 직업은 관세사입니다. 일터는 서울시 서초구 서초동에 위치한 동행 관세사무소입니다. 관세사자격시험에 합격한 지 시간이 흘러 18년째를 맞이하고 있습니다. 개업을 한 지도 어느덧 4년째를 맞이하고 있습니다.

이 책은 전적으로 자기 계발 글이 아니며, 마케팅 글이 아니며, 영업 글이 아니며, 에세이 글도 아닙니다. 더욱이 성공 스토리를 담은 자서전도 아닙니다. 각 장르 사이 어딘가에 있습니다. 관세사무소의 성공 스토리를 담은 책은 훌륭하신 관세사분들이 이룬 대형 관세법인 등에서 출판을 하는 것이 맞겠지요. 그런데 출판을 하게 된 이유가 있습니다.

동행 관세사무소는 작은 관세사무소입니다. 2021년 2월 1일 기준으로 대표인 저를 포함하여 5명이 일을 하고 있습니다. 동행 관세사무소의 매출 및 규모는 관세사 업계에서 보이지도 않는 줄 뒤에 서 있을 것입니다. 많이 부족하고 여전히 고군분투하는 관세사무소입니다.

개업은 두렵습니다. 저 역시 기대감보다는 두려움이 컸습니다. 솔직히 개업은 피하고 싶었습니다. 자녀가 있는 분은 더욱 두렵지 않을까요? 대부분 비슷한 심정일 것이라 생각합니다. 저는 2018년 개업 당시 초등학교에 다니는 아들과 유치원에 다니는 딸이 있었습니다. 그리고 고객이 없는 상태에서 개업하였습니다. 소위 말하는 無에서 有를 창조해야만 하는 절박한 심정과 함께 시작하였습니다. 잠이 들지 않았습니다. 잠이 들어도 곧 깨어났습니다.

위와 같은 맥락에서 여러분과 이야기를 나누고 싶습니다. 서점에 가면 관세사자격시험 관련 수험서는 많습니다. 그런데 관세사 개업에 관한 서적은 없습니다. 이 책은 제가 개업을 준비하는 과정 그리고 영업을 하는 방법에 대한 시행착오의 기록입니다. 어떻게 보면 디지털적 내용의 글이 아닌 아날로그적 내용의 글입니다. 이 글은 개업을 생각하는 현업에 계신 선후배 관세사님 그리고 컨설턴트님, 관세사자격시험을 준비하는 분 그리고 전문직을 포함한 창업을 생각하는 분에게 업무의 귀감이 될 수 있다고 생각합니다. 대학교 학생 신분으로 관세사자격시험에 합격한 후 직장생활의 경험 없이 바로 개업하는 경우가 있습니다. 또한 관세사분이 실무 경험과 이론을 갖추고 무작정 개업을 하였으나 그제야 '우물 안 개구리'의 심정을 안고 세상이 보입니다. 이분들에게 실제 도움이 되면 더할 나위 없이 좋겠습니다. 그리고 하나를 더해 동행 관세사무소의 이야기를 추가했습니다. 이역시 동행 관세사무소가 어떤 경영철학을 가지고 어떻게 업무를 처리하며, 운영하고 있는지 담았습니다. 이 책이 여러분에게는 현실에서 개업에 대한 두려움보다는 기대감이 커지는 계기가 되기를 진심으로 바랍니다.

관세사가 더 나은 서비스를 제공할 때 한국 무역을 선도하는 업체의 경쟁력은 더욱 강해질 수 있으므로 관세사의 역할이 그만큼 중요합니다.

누군가 저에게 개업의 장점이 무엇이냐고 물으면 저는 대답합니다. 유치원에서 배운 그림 그리기, 초등학교에서 배운 글짓기, 중학교에서 배운 영작, 고등학교에서 배운 수학 등등 이 모든 것을 이제야 마음껏 실제 사용할 수 있다고. 개업이라는 경기는 두렵지만 피할 수 없다면 가진 모든 기술을 사용하여 즐겁게 경기에 임해야 합니다.

막상 이야기를 시작하려니 존재가 작은 제가 더욱 작게 느껴집니다. 너그럽게 함께 해주시기 바랍니다. 작지만 많은

기업이 만족하는 강한 관세사무소입니다. 그 이야기를 시작
합니다. 우리는 관세사입니다.


2021년 1월
김상균

# 1
## CHAPTER

## 개업
## 준비
## 과정

## CHAPTER 2

### 영업 방법

**CHAPTER**

**우리들의 이야기**

CHAPTER

1

# 개업 준비
# 과정

# 퇴사합니다

2018년 1월 어느 날, 다니던 관세법인에 마지막 출근을 했습니다. 관세법인에 있는 동안 남들보다 자주 부서 이동 발령을 경험하며 업무를 하였습니다. 나름 최선을 다했습니다. 정든 공간이었습니다. 그날, 유독 사무실 밖 공기의 냄새가 다름을 느끼며 집으로 갔습니다. 마무리가 되는 시간이었습니다.

사실 2017년 12월 퇴사 의사를 말씀드리기 전에 누구나 그렇듯이 고민을 하였습니다. 오래전부터 막연히 관세사 자격증을 가지고 있으니 개업을 생각했었습니다. 하지만 저에게 개업의 가장 큰 방해물은 초등학교에 다니는 아들과 유치원에 다니는 딸이었습니다. 눈에 자주 밟혔습니다. 마이너스 통장의 한도는 선명하게 보이고, 회사를 퇴사한 이후를 생각하면 매달 월급으로 생활하는 가족이 걱정되었습니다.

그러나 책상 정리를 하나씩 하며 실행에 옮겼습니다.
퇴사하였습니다.

# 시작합니다

2017년 12월 퇴사 의사를 말씀드리기 전에 개업을 결심했습니다. 2017년은 제가 관세사자격시험에 합격한 지 시간이 흘러 14년째를 맞이하는 해였습니다. 개업에 도움이 되는 책을 구입하기 위하여 서점에 갔으나 관세사자격시험 관련 수험서, 일반 마케팅 및 영업에 관한 책은 많았지만 관세사 개업에 관한 서적은 없었습니다.

강남역 근처의 회의실을 예약하며 하나씩 정리하였습니다. 앞으로의 모든 지출은 주머니에서 나오니 좋은 회의실이 필요 없습니다. 회의실에서 하나씩 정리한 것은 개업에 필요한 사항입니다. 앞으로 전개될 글이 그 기록입니다. '글을 시작하며' 부분에서 언급한 것처럼 아날로그적 내용일 수 있지만 디지털 시대 전에는 아날로그 시대였습니다. 디지털적 내용을 몰랐기에 아날로그적 접근을 할 수밖에 없었습니다. 구조물 건설에서 기초공사가 중요하듯이 지면을 단단히 하는 심정으로 하나씩 준비했습니다.

저의 방법과 순서가 개업 준비 과정에서 당연히 정답이 될 수 없습니다. 누구보다 그 사실을 잘 알고 있습니다. 하지만 저의 정리가 여러분에게 고지로 향하는 다양한 길의 등대가 되기를 바랍니다.

오래전 이야기지만 관세사 수험 준비 시절에 훗날 저의 명함에 기재될 관세사라는 문구를 상상하며 힘든 시기를 견뎠습니다. 우리 모두 좋은 날이 올 것이라는 막연한 긍정의 마음을 가져봅시다. 개업을 시작합니다.

# 나 혼자 개업 혹은 동업

개업을 시작할 때 가장 먼저 고민하는 부분은 무엇일까요? 나 혼자 개업 혹은 동업…. 가장 먼저 고민하는 부분이자 가장 어려운 부분입니다.

제가 아는 후배 관세사에게 동업할 의향이 있냐고 묻자 그 후배 관세사는 망설임 없이 동업은 절대 자기와 맞지 않는다고 답하였습니다. 제 고객사의 대표님은 어느 결정을 할 때 혼자 신속하게 답을 내야지 동업을 하면 마찰이 생기고 피곤하다고 말씀하셨습니다. 일부 어른들은 절대 동업은 아니라고 말씀하십니다. 이 이야기는 여러분도 들어보셨을 겁니다. 혹시 주변에 동업으로 시작하였으나 이미 갈라서거나, 갈라서지 않았으나 같은 공간에서 매일 얼굴을 보며 괴로워하는 분들이 있지 않으신지요? 서점에 가서 동업에 관한 책을 구입했습니다. 모르겠습니다. 정답은 없습니다. 본인의 성향, 본인의 장단점 등을 심사숙고하여 후회 없는 선택을 하면 되지 않을까요?

다만 동업하기로 결정했다면 제가 고민한 몇 가지 유의사항을 말씀드리겠습니다.

개업일이 정해지면 동업자분과 퇴사 시기를 정하시기 바랍니다. 업무를 시작하였으나 동업자분이 아직 퇴사가 안되어 합류하지 못한 상황이면 시작부터 삐딱선을 탈 수 있습니다. 아주 드물지만 퇴사 처리가 안 되어 동업 약속을 하고도 합류하지 못하는 경우도 있으니까요.

서로의 역할 구분은 하되 역할 보조도 필요합니다. 누구는 영업에 강합니다. 누구는 수출입통관 업무에 강합니다. 누구는 컨설팅 업무에 강합니다. 심지어 누구는 술을 잘 마십니다. 많은 분들이 동업을 결정하는 이유가 본인의 부족한 부분을 채우기 위함인데 시간이 흐를수록 이 부분을 망각합니다. 서로 간섭하기 시작합니다. 한 사람이 영업을 너무 잘하니 그 한 사람이 우쭐하여 불만이 생깁니다. 분명 영업으로 발생한 업무 처리를 하는 사람이 있음에도 불구하고 영업해 온 부분에 비중을 크게 두는 것이지요. 사람인지라 어쩔 수 없다고 생각합니다. 이 문제를 해소하기 위해서는 역할 보조를 해야 합니다. 다른 사람은 수출입통관 업무에 강해도 동업을 한 이상 영업 부분도 같이 노력을 해야 영업에 강한 사람이 불만이 없습니다. 직원이 아니고 동업자이기 때문입니다. 서로의 역할 구분은 하되 역할 보조가 필요한 이유입니다. 요즘은 스페셜리스트보다 제너럴리스트가 되라는 말이 있지 않습니까? 서로 필요충분조건의 관계가 되시기 바랍니다.

작은 오해라도 만들지 않는 것이 중요합니다. 그러기 위해서 개업 초기에는 개인 생활은 접어두고 회사 생활에 올인(All in)하시기 바랍니다. 예를 들어 갑자기 급한 환급 업무가 생겼습니다. 야근을 해서 당장 마무리를 지어야 합니다. 하지만 동업자분이 오늘 저녁에 학원 강의가 있다고 합니다. 학원 강의를 하여 그 수익이 사무소에 귀속되면 상관없지만 딴 주머니라면 오해의 불씨가 생깁니다. 예는 많습니다. 지각하지 마시기 바랍니다. 개업은 대표자의 위치를 만들지만 프리랜서의 위치가 아닙니다. 그리고 개인생활이 너무 소중하여 본인 휴가에 우선순위를 두면 불만이 생깁니다. 개업은 대표자의 위치이지 직원의 위치가 아닙니다. 관세사무소 형태로 동업을 하면 대표 관세사는 추후 종합소득세 등 납부 의무가 있습니다. 이 경우 어떻게 처리할지 합의가 되어야 합니다. 이러한 작은 부분까지 놓치지 말고 체크하시기 바랍니다.

계약서를 작성하는 것도 좋은 방법이 될 것입니다. 누가 그럽니다. 동업은 본인이 손해를 봐야 한다고. 동업으로 성공의 길로 가시기 바랍니다.

□ 동업하기 전 체크리스트

· 동업자와 퇴사 시기 정하기

· 서로의 역할을 구분하되 역할 보조도 고려하기

(영업, 컨설팅, 수출입통관 등 서로의 장점으로 역할 구분하기)

· 작은 오해라도 만들지 않도록 개인 생활은 잠시 접어 두기

· 종합소득세 납부를 어떻게 처리할지 미리 합의하기

· 동업자와 상호계약서를 작성하기

# 업무 수행은 준비되어 있습니까?

개업 이후 업무 수행에 대하여 생각합니다. 고객이 업무 의뢰를 하였는데 업무에 대한 자신감은 있으신가요? 개업 전에 저의 업무 역량을 알고 싶었습니다.

한국관세사회에서 2016년도에 발행한 『관세사 표준직무 분류집』이 있습니다. 저는 이 책자를 이용하였습니다. 이 책자의 내용을 근간으로 통관 분야와 컨설팅 분야로 나누어 업무 구분을 하였습니다. 통관 분야는 공통, 수출, 수입, 반송, 보세, 환급, 인증으로 세부 구분하였습니다. 컨설팅 분야는 수입, FTA, 환급, 외환, AEO, 기타로 세부 구분하였습니다. 그리고 세부 구분된 업무를 또다시 세부 구분하며 그 업무를 수행할 수 있는지 판단하고, 수행할 수 없다고 판단한 업무는 묻고 스터디하며 부족한 부분을 채웠습니다. 또한 세부 업무에 대한 표준 수수료를 정하고 기재하였습니다.

그 결과물인 'List of Business and it's Charge & List of Consulting' 제목의 출력물은 현재 사무실에 비치되어 모든 직원이 열람하고 있습니다. 표준 수수료 리스트가 있으니 수수료 문의가 오면 기준을 잡을 수 있습니다.

# 개업 첫 달의 매출액은
# 어느 정도일까?

　　2017년은 제가 사회생활을 시작한 지 14년째를 맞이하는 해였습니다. 14년째 사회생활을 경험하니 명함을 많이 보유하고 있더라고요. 명함 정리를 시작하였습니다. 친구 명함, 선배 명함, 후배 명함, 업체 명함 그리고 심지어 과거 소개팅으로 만난 분의 명함까지 그 양이 상당했습니다. 분류 기준을 만들어 정리하였습니다.

　　'Client List'를 만듭니다. 세월이 흐르다 보니 '011, 016, 017, 018, 019'로 시작하는 핸드폰 번호가 있는 명함도 상당합니다. 너무 속상하고 안타깝습니다. 이렇게 개업을 할 것이라는 강한 예측이 사회생활 초기부터 있었으면 자주 안부 인사도 드리고 왕래도 했어야 하는 후회와 아쉬움이 밀려옵니다. 개업 안내장을 보낸 분, 개업 시작과 동시에 바로 저를 도와주실 분, 미리 인사드리러 갈 분 등등 기준을 만들어 정리하였습니다. 정리하는 데 시간이 오래 걸립니다.

불안하고 초조한 마음으로 'Client List' 중 개업 시작과 동시에 바로 업무 가능성이 있는 고객의 매출액을 보니 앞이 보이지 않습니다. 첫 달의 매출액이 문제가 아니라 최소 1년 이상의 적자 운영이 선명히 그려집니다. 아무 고객 없이 개업을 시작하였다고 하여도 과언이 아닙니다.

無에서 有를 창조해야만 하는 절박한 심정이 저를 지배하기 시작합니다. 잠이 들지 않았습니다. 잠이 들어도 곧 깨어납니다. 한 번의 잠이 최소 열 번 이상의 취침과 기상을 반복하며 저를 괴롭힙니다. 잠을 못 자니 머리가 아픕니다. 그런데 개업을 한 지 시간이 흘러 4년째를 맞이하고 있지만 횟수만 살짝 줄고 한 번의 잠이 약 다섯 번의 취침과 기상을 반복하며 저를 괴롭히는 것은 마찬가지입니다. 오래전에 읽었던 서광원의 『사장으로 산다는 것』 책 내용이 가슴에 와

닮습니다. 운명이라 생각하는 것이 편합니다.

예상대로 개업 첫 달부터 마이너스 운영은 시작됩니다.

"불안하고 초조한 마음으로 'Client List' 중 개업 시작과
동시에 바로 업무 가능성이 있는 고객의 매출액을 보니
앞이 보이지 않습니다. 첫 달의 매출액이 문제가 아니라
최소 1년 이상의 적자 운영이 선명히 그려집니다.
아무 고객 없이 개업을 시작하였다고 하여도 과언이 아닙니다."

# 뭐라도 하자

관세법인에서 근무하는 동안 많은 업체를 대상으로 교육 진행을 하였습니다. 교육진행을 좋아하고 발표를 좋아합니다. 개업을 하면 업체에서 교육 요청이 들어오겠지? 기분 좋은 상상을 합니다. 개업 이후 교육 요청이 들어와서 그제야 교육 자료를 작성하면 시간 낭비이니 실업자 신분일 때 교육 자료를 어느 정도 만들어 두자는 생각을 하였습니다. 다만 교육 자료를 방대하게 그리고 세부적으로 미리 만드는 것은 비효율적이라 생각합니다. 주요 주제를 중심으로 교육 자료를 만들었습니다. 추후 업체에서 교육 요청이 들어오면 편집 과정을 거처 맞춤형 교육이 가능하도록 준비하였습니다. 지금 생각해보면 개업을 위하여 준비하는 과정에서 뭐라도 하면서 스스로 위안을 삼으려고 시도한 것 같다는 생각이 듭니다.

한 가지 제안을 드리면 통관 업무에서 전략물자 판정 문의가 빈번합니다. 이 경우 업체에게 단순히 전략물자관리원 사이트에 가서 온라인 자가판정을 받으시라고 안내하는 것보다 매뉴얼(교육 자료)을 구비하면 바로 업체에게 이메일로 안내할 수 있습니다. 이것이 고객에 대한 서비스 향상이 아닐까요? 교육 자료 작성 시 그 범위에 대한 선택과 집중이 필요합니다.

본 책 뒷부분에서 다시 언급하겠습니다. 시작이 절반입니다.

"개업을 하면 업체에서 교육 요청이 들어오겠지?
기분 좋은 상상을 합니다. 개업 이후 교육 요청이 들어와서
그제야 교육 자료를 작성하면 시간 낭비이니 실업자 신분일 때
교육 자료를 어느 정도 만들어 두자는 생각을 하였습니다.
다만 교육 자료를 방대하게 그리고 세부적으로
미리 만드는 것은 비효율적이라 생각합니다."

# Naming

저에게 사회생활 근육이 만들어지니 '어떤 회사를 만들까?', '어떤 회사가 좋은 회사일까?' 이러한 생각들이 공공연하게 제 근육의 세포를 차지하고 있더라고요. 생각해보면 젊었을 때부터 이러한 내용의 신문기사, 방송 그리고 책을 많이 보았습니다. 최근에는 유튜브를 통하여 이러한 내용을 접하고 있습니다. 사회생활을 하면서 오랫동안 팀장 직책을 수행한 영향도 있을 것입니다.

나중에 언급하겠지만 동행 관세사무소의 경영방침 1번의 내용은 고객이 아니라 구성원입니다. 상호를 결정하기 전에 경영방침을 정하고 그 부분을 상호와 연결하고 싶었습니다.

'동행 관세사무소'
'同行 關稅事務所'
'Companion Agency for Customs & Trade Service'

'동행 관세사무소'의 상호는 약 50대 1의 경쟁률을 뚫고 탄생했습니다. '같이', '가치', '가득' 등 경쟁하던 상호가 기억납니다. 동업자가 있는 경우 상호 결정 시 일방적이 아닌 각 개인이 원하는 상호와 그 취지를 발표하고 의견을 교환하는 것이 좋습니다. 사람 이름에 따라 운명이 결정되는 예언이 있듯이 마음에 드는 상호를 정하시기 바랍니다. '동행 관세사무소'의 명칭이 널리 멀리 여러분에게 다가가기 바랍니다. 지금은 코로나19로 인하여 노래방을 가지 못하지만 노래방을 가면 부릅니다. 최성수의 〈동행〉

참고로 '관세사사무소의 명칭에 관한 규정'이 있으니 상호를 정할 때 참고하시기 바랍니다.

# Logo

로고(Logo)의 사전적 의미는(회사·조직을 나타내는 특별한 디자인으로 된) 상징입니다.

저는 미술을 전공한 것도 아니고 게다가 손재주가 너무 없습니다. 웹사이트인 '디자인 서커스'를 통해 로고 디자인 의뢰를 하였습니다. 이곳(디자인 서커스)은 의뢰인이 일정 금액을 제시하고 원하는 취지에 맞는 디자인 의뢰를 하면 여러 디자이너분들이 디자인을 만들어 주는 마켓 플레이스입니다. 최종적으로 여러 디자이너분들이 제시한 디자인 중에서 의뢰인이 디자인을 선택하면 그 디자인을 만든 디자이너분이 일정 금액을 차지하게 됩니다. 물론 여러분이 손재주가 있어 직접 디자인을 만들면 더할 나위 없겠죠. 그 애착이 강할 것입니다.

동행 관세사무소의 명함을 보면 글자 크기가 타 명함보다 큰 것을 알 수 있습니다. 여기에는 이유가 있습니다. 한국무역의 주인공인 수출입업체는 대기업, 중견기업, 중소기업, 소소기업, 소소소기업 그리고 여전히 많은 1인 기업이 있습니다. 기업 규모가 작을수록 사장님이 홀로 많은 업무를 하십니다. 연세가 많다 보니 시력이 좋지 않은 사장님들이 많으십니다. 개업 초기에는 1인 기업, 소기업 등 규모가 작은 업체를 많이 만나게 될 것입니다. 디자인 측면을 고려하여 글자 크기를 줄일까도 생각하였지만 연세가 많은 사장님들을 생각했습니다. 타 명함보다 글자 크기가 큰 것이 이제는 익숙합니다. 한국무역의 주인공 중에서 바위나 자갈 규모의 기업 사이에서 촘촘히 밑을 떠받치고 있는 모래 규모의 기업을 응원합니다.

다음은 동행 관세사무소에서 '디자인 서커스'로 실제 제작 의뢰한 내용입니다.

□ 프로젝트 개요

1. 업종: 관세사

2. 상호
   1) 국문: 동행 관세사무소
   2) 영문: Companion Agency for Customs & Trade Service
   3) 한문: 同行 關稅事務所

3. 색깔: 주황색(Orange)

   (Energetic, Active, Warm-hearted, Mild의 의미)

4. 로고는 심볼+글자 선호 / 양면 명함

5. 사업소개 : 관세사무소로서 수출입물품과 관련된 관세, 무역 및 물류에 대한
   TOTAL 솔루션을 제공해 드립니다. (수출입통관, FTA 등)

6. 관세사무소 개업 예정입니다.

   '동행'의 사전적 뜻은 같이 길을 감, 같이 길을 가는 사람 등으로써 당사의 경영방
   침은 아래와 같습니다.

   하나. 구성원은 동반자입니다. 결실을 나눕니다.
   하나. 귀사는 가장 중요한 동반자입니다. 귀사가 당해 업계/업종에서 최고의 리더
        가 될 수 있도록 한결같이 옆에 있겠습니다.
   하나. 더 나아가 사회와 동행하겠습니다.

7. 힘 있게, 씩씩하게, 너무 무겁지도 가볍지도 않게, 고급스럽게

# 수수료 견적 좀 보내주세요

야무지게 그리고 힘들게 마케팅과 영업을 하니 드디어 업체에서 수수료 견적을 보내 달라고 합니다. 기쁜 일입니다. 가슴이 두근거렸습니다. 이제 영업 대상 업체가 고객이 될 시간이 얼마 남지 않았습니다.

수수료가 기재된 견적을 어떻게 전달하시겠습니까? 전화상 견적을 불러주시겠습니까? 아니면 이메일로 일정 서식도 없이 수수료를 몇 줄 적어 보내주시겠습니까? 우리 모두는 알고 있습니다. 수수료 견적을 어떻게 보내느냐에 따라 업체에게 신뢰와 믿음을 줄 수 있다는 것을. 그런데 제가 알기로

관세사무소에서 희망을 찾다

는 많은 사무소에서 여전히 견적서 양식 없이 견적을 보내고 있습니다. 물론 모든 업체에게 수수료 견적서를 보내자는 의미는 아닙니다. 저 역시 업체에서 문의가 옵니다. "수입통관 수수료가 어떻게 되나요?"라고 물어오면 전화상으로 견적을 제시합니다. 여기서 말씀드리는 것은 업체에서 공식적으로 견적을 요청했을 때입니다.

실제 동행 관세사무소에서 사용하고 있는 견적서(통관용) 양식입니다. 견적서(컨설팅용)의 경우 컨설팅 업무에 맞게 견적서 세부 양식을 변경하시면 됩니다. 더 좋은 양식이 있으면 사용하시면 됩니다.

## '동행 관세사무소'

"Your Sincere Customs & Trade Companion"

"귀사의 진정한 관세 및 무역 동반자"

www.dhcus.com

서울시 서초구 (주소 기재) (우편번호)

| | | |
|---|---|---|
| 작성일자 | | 0000. 00. 00. |
| 수신 | | 주식회사 OO |
| 참조 1 | 부서 | 해외사업팀 |
| | 직위 또는 직책 | 과장님 |
| | 성함 | OOO |
| 참조 2 | 부서 | |
| | 직위 또는 직책 | |
| | 성함 | |
| 발신 | 부서 | |
| | 직위 또는 직책 | 대표 관세사 |
| | 성함 | 김상균 |
| | 전화번호 | 02-0000-0000 |
| | FAX | 02-0000-0000 |
| | 이메일 | @ |
| 제목 | | '(주)OO'을 위한 수출입통관 견적서 |
| 대금결제조건 | | |
| 유효기간 | | |
| 기타사항 | | |

1. 귀사의 무궁한 발전을 기원합니다.
2. 위 제목 기재의 건에 대하여 견적서를 드리오니 업무에 참고하시고, 의문사항이 있으시거나 의뢰하고자 하는 사항이 있으시면 연락주시기 바랍니다.
3. 감사합니다.

□ **첨부**

1. 견적서 세부 내용 1부. 끝.

## '㈜OO'을 위한 수출입통관 견적서

(VAT 별도, 금액 단위 : 원)

| 업무 구분 | 세부 구분 | 세부 업무 | 견적 세부 | 견적 금액 | 참고 |
|---|---|---|---|---|---|
| 통관 | 일반 수입신고 | | | MIN | |
| | | | | 요율 | |
| | | | | MAX | |
| | 일반 수출신고 | | | MIN | |
| | | | | 요율 | |
| | | | | MAX | |

□ 본 견적서상의 견적 금액은 '동행 관세사무소'가 귀사의 업무를 진행함에 있어서 의 대행 수수료입니다.

0000. 00. 00.

동행 관세사무소

# 외국환거래법상 상계에 대하여
# 정리 부탁드립니다

Ring! Ring! 전화벨이 울립니다. 고객이 법 조항 등의 정리를 요청합니다. "외국환거래법상 상계와 제3자 지급에 대하여 정리 좀 해주세요." 견적서와 마찬가지로 일정 양식에 내용을 담아 보내면 고객에게 신뢰와 믿음을 줄 수 있습니다. 제가 경험상 일정 양식에 법 조항 등을 정리하는 것이 정리하는 입장에서도 더욱 정리가 잘 되며 보기도 좋습니다. 처음에는 시간이 오래 걸리지만 그 데이터가 쌓일수록 수월하게 정리해서 고객에게 제공할 수 있습니다. 이 역시 고객에 대한 서비스 향상이 아닐까요?

실제 동행 관세사무소에서 사용하고 있는 의견서 양식입니다. 더 좋은 양식이 있으면 사용하시면 됩니다. 본 책 뒷부분에서 다시 언급하겠습니다.

## 동행 관세사무소
"Your Sincere Customs & Trade Companion"
"귀사의 진정한 관세 및 동반자"

수 신 : 주식회사 ○○
참 조 : ○○○ 대리님
제 목 : 외국환거래법상 상계 및 제3자 지급 관련 내용 정리

---

1. 귀사의 무궁한 발전을 기원합니다.

2. 위 제목 기재의 건에 대하여 동행 관세사무소의 의견서를 드리오니 업무에 참고
   하시기 바랍니다.

□ **첨부**

1. 의견서 1부. 끝.

### 동행 관세사무소

| 담 당 자 | 관세사 OOO | | 책 임 자 | 관세사 OOO | |
|---|---|---|---|---|---|
| 시      행 | 20200000-001 (2020. 00. 00) | | | | |
| 전화번호 | 02-0000-0000 | FAX | 02-0000-0000 | 이메일 | @ |
| 서울시 서초구 (주소 기재) | | | 홈페이지 | www.dhcus.com | |

□ 질의 요지

외국환거래법상 상계 및 제3자 지급의 개념 등에 대하여 정리합니다. 당사에서는 귀사에서 제공한 정보만을 가지고 검토하였습니다.

□ 검토 의견

1. 관련 정리

1) 상계

| 구 분 | 신고 대상 |
|---|---|
| 미화 5천불 이하인 상계 | 신고를 요하지 않음 |
| 미화 5천불 초과인 상계 | 외국환은행장 신고 |
| 다자간 상계,<br>다국적기업의 상계센터 상계 | 한국은행총재 신고 |
| 상호계산 신고서 | 지정거래외국환은행장 신고 |

2) 제3자 지급

| 구 분 | 신고 대상 |
|---|---|
| 미화 5천불 이하인 제3자 지급 | 신고를 요하지 않음 |
| 미화 5천불 초과 ~ 1만불 이내 | 외국환은행장 신고 |
| 미화 1만불 초과 | 신고 |

귀사가 문의하신 사항은 아래의 사항에 해당하므로 신고를 요하지 않습니다.

외국환거래규정 제5-10조(신고 등)
① 다음 각 호의 어느 하나에 해당하는 경우에는 제3자 지급등에 관한 신고를 요하지 아니한다.
2. 거주자간 또는 거주자와 비거주자간 거래의 결제를 위하여 당해 거래의 당사자인 거주자가 당해 거래의 당사자가 아닌 비거주자로부터 수령하는 경우

즉 제3자 수령에 해당하므로 신고를 요하지 않습니다.

2. 외국환은행에 상계 및 제3자 지급 신고시 필요 서류

> 지급등의 방법(변경) 신고서(첨부2) / 사유서 /
> 수출입계약서 사본 1부 / 지급 등의 방법에 관한 입증서류 1부

3. 관세청(세관)의 외환조사 등을 통하여 상계 미신고時 등 조사결과에 따라서 고의
성이 있는 경우 검찰에 고발될 수 있는 등 불이익이 있습니다.

□ **관련 법령**

외국환거래법·시행령
외국환거래규정
외국환거래제도 실명회 강의자료(관세청 & 금융감독원 발행) 등

# 미팅 내용을 어디다가
# 기재하였지?

1년은 365일, 하루에 1회 이상 대면 미팅, 하루에 2회 이상 전화 상담…. 나의 다이어리는 300페이지 이상…. 어디에 무엇을 메모하였는지 찾기 어렵습니다.

"김책임! 3달 전 방문한 ○○ 업체 한 달 평균 수입통관 건수가 어떻게 된다고 했지?" 질문을 하는 당사자나 듣는 당사자는 답변을 들을 수 없다는 것을 알고 답변을 할 수 없다는 것을 알고 있습니다. 어렵게 힘들게 마케팅하고 영업한 업체와 미팅을 하였지만 미팅 내용을 어디다가 기재하였는지 기억이 나지 않습니다. 이런 경험 없으신가요? 업체정보 체크리스트를 작성하여 잘 관리해야 합니다.

　실제 동행 관세사무소에서 사용하고 있는 업체정보 체크리스트 양식입니다. 화주용과 물류업체용 2가지가 있으며 샘플은 화주용입니다. 더 좋은 양식이 있으면 사용하시면 됩니다.

# '동행 관세사무소'

"Your Sincere Customs & Trade Companion"
"귀사의 진정한 관세 및 무역 동반자"

## 업체정보 체크리스트(화주용)

□ 업체 상호 :

| 구분 | QUESTION | ANSWER |
|---|---|---|
| 공통 | 사업장 소재지 및 개수 | |
| | 품목군 | |
| | 업무 범위 | 수출/수입/환급/요건/<br>컨설팅/교육<br>국내운송, 해외운송, 창고 등 |
| | 수수료(Min & Max) | |
| | 현재 이용 관세사 및 개수 | |
| | 관세사 변경 이유 | |
| | 법규준수도 | |
| | 통관계획(주말통관 등) | |
| | 교육 요청사항 | |
| | 업무협의체 요청사항 | |
| | 알아야 할 사항 | |
| | … | |
| 수출 | 품목 및 HS Code | |
| | 건수(월 기준) | |
| | 전략물자 관련 | |
| | 신규품목의 빈도수 | |
| | Invoice 평균 금액 | |
| | 수출 상대 국가 | |
| | FTA 협정 상대 국가 존재 | |

| 구분 | QUESTION | ANSWER |
|---|---|---|
| 수출 | FTA 관련 원산지증명서 발행 여부 | |
| | 수출 거래구분 Code | |
| | 거래구분 '29'일 경우 잔량관리 | |
| | 미선적 관리 | |
| | 물품 소재지 관리 | |
| | 담당자 | |
| | ... | |
| 수입 | 품목 및 HS Code | |
| | 건수(월 기준) | |
| | 세관장확인대상 / 통합공고 요건 | |
| | 신규품목의 빈도수 | |
| | Invoice 평균 금액 | |
| | 수입 상대 국가 | |
| | FTA 협정 상대 국가 존재 | |
| | FTA 관련 원산지증명서 수취 여부 | |
| | 수입 거래구분 Code | |
| | 거래구분 '29'일 경우 잔량관리 | |
| | 감면 적용 여부 및 사후관리 | |
| | 원산지 표시 | |
| | 보수작업 | |
| | 사용 포워더 | |
| | 보세창고 | |
| | 징수형태 Code | 11 / 13 / 14 / 43 등 |
| | 담당자 | |
| | ... | |

| 구분 | QUESTION | ANSWER |
|---|---|---|
| **환급** | 종류 | 간이정액/개별/<br>반입확인서/기납증/분증/소요량산정<br>방법신고 |
| | 환급 주기 | |
| | 수출자 및 제조자 표기 | |
| | … | |
| **정산** | 정산 주기 | 건별 / 월별 |
| | 세금계산서 취합 | |
| | 납부고지서 전달(납부기한 유의) | |
| | … | |

# 홈페이지가 있습니까?

　업체를 방문하면 업체 관계자분과 명함을 주고받습니다. 저의 편견일 수 있지만 왠지 느낌상 명함상에 홈페이지 주소가 있는지 혹은 회사 자체의 이메일 계정이 있는지 살펴보는 것 같습니다. 실제로 업체 관계자분이 묻습니다. 홈페이지가 있나요? 네, 명함 뒤에 기재되어 있습니다. 업체를 방문하기 전에 업체 정보를 찾는 가장 손쉬운 방법이 홈페이지를 통한 정보 획득입니다. 명함상에 홈페이지 주소가 하나 있고 없고의 차이를 여러분은 어떻게 느끼시나요? 주머니 사정이 안 좋은데 홈페이지 제작 의뢰를 맡기면 나름 큰돈이 나갑니다.

고민을 했습니다. 그럼 홈페이지를 직접 만들자! 동행 관세사무소의 브레인 최기석 수석 컨설턴트가 나름 손재주가 있어 'WIX'라는 홈페이지 제작 사이트를 통해 홈페이지 제작을 하였습니다. 제가 문구를 만들면 집을 짓듯이 하나씩 만들어 갔습니다. 홈페이지를 제작할 때는 설계가 중요합니다. 많은 관세사무소 홈페이지를 들락날락하였는데 저의 눈에는 그 구성이 비슷비슷하게 보였습니다. 물론 고도화된 홈페이지도 있으나 형식상의 홈페이지가 많아 보였습니다. 동행 관세사무소의 홈페이지도 어떻게 보면 형식상의 홈페이지입니다. 하지만 그 문구 하나하나는 집중과 정성으로 작성된 것입니다. 애착이 갑니다. 면책 문구 등도 빠뜨리지 않고 기입합니다. 세심히 살피시기 바랍니다. 언젠가 동행 관세사무소의 홈페이지도 고도화된 홈페이지로 만날 날이 있을 겁니다. 그날이 빨리 오기를 소망합니다.

동행 관세사무소의 홈페이지를 방문하시면 공지사항에 그간의 활동 사진이 업로드되어 있습니다. 네, 홈페이지가 있습니다.

"홈페이지를 제작할 때는 설계가 중요합니다.
면책 문구 등도 빠뜨리지 않고 기입합니다.
세심히 살피시기 바랍니다."

# 회사소개서 2부만 출력해줘!

업체 미팅이 잡혔습니다. 설렙니다. 여러분의 첫인상은 무엇입니까? 제가 훈남 스타일이면 좋으나 세월이 흐르니 피부가 안 좋아지고 주름도 생깁니다. "안녕하세요. 반갑습니다. 동행 관세사무소 김상균입니다." 명함을 주고받습니다. 명함만 주고받는 것과 회사소개서, 브로슈어, 교육 리스트 그리고 개업 안내장 등 어떤 자료를 주며 미팅을 하는 것은 다릅니다. 저를 든든히 받쳐주는 아군입니다. 회사소개서는 기본으로 가지고 있어야 한다고 생각합니다만 제가 알기로는 회사소개서 없이 영업하시는 분들이 있습니다. 그러면서 말씀하십니다. 영업이 잘 안 된다고. 아군 지원을 받으시기 바랍니다.

　회사 소개서는 개업 이전에 작성을 하여야 할까요? 개업 이후에 작성을 하여야 할까요? 개업 이전에 작성을 하고 개업 이후에는 작성한 회사소개서 등을 가지고 마케팅 및 영업을 하러 다녀야 하지 않을까요? 개업 이후 회사소개서를 작성하며 업무 시간을 채우는 분들이 계십니다. 그리고 오늘 하루 열심히 보냈다고 말합니다. 자기 합리화가 아닐까요?

# 나는 앞에서 당길게
# 너는 뒤에서 밀어

어제도 인사를 드렸습니다. 오늘도 인사를 드립니다. 내일도 인사를 드리겠습니다. 명함을 주고받습니다. 명함을 받으면 회사 단체 카톡방에 올립니다. 그러면 사무실에서 명함상의 이메일 주소로 뉴스레터를 보냅니다. 그러면 업체 담당자는 제가 방금 인사드리고 몇 시간 뒤에 뉴스레터를 받아보니 동행 관세사무소가 오늘 두 번 노출된 것입니다. 시간이 흘러 뉴스레터 내용이 변경되면 업체 담당자에게 다시 보냅니다. 이런 면에서 시간은 우리 편입니다. 업체가 아직 동행 관세사무소의 고객이 되지 않았지만 업체는 동행 관세사무소가 어색하지 않습니다. 익숙해집니다. 좋은 자료 많이 보내드리겠습니다. 먼저 계속 다가가겠습니다. 나중에 그 업체를 방문하면 자료 잘 보고 있다는 말씀을 하십니다. 틀리지 않았습니다.

최수석! 그런데 우리 뉴스레터 내용 자주 변경하여야 하지 않을까? 좋아질 것입니다. 나는 앞에서 당길게 너는 뒤에서 밀어. 동행이니까.

# 여기가 우리의 보금자리입니다

직원 한 명이 용인에 살고 있습니다. 직원 한 명이 일산에 살고 있습니다. 직원 한 명이 신림동에 살고 있습니다. 등등…. 이렇게 직원의 집이 서울을 중심으로 동서남북 흩어져 있습니다. 여러분은 사무실 위치를 선정할 때 무엇을 먼저 고려하시겠습니까? 사무실을 계약할 때 임대료, 신축 건물의 쾌적성보다 모든 직원의 집과 사무실 간의 거리를 보았습니다. 최근 마곡나루역, 발산역 쪽이 신축 건물이 많이 생기다 보니 쾌적성이 있으며 임대료도 저렴하고 많은 장점이 있습니다. 그러나 동행 관세사무소하고는 인연이 아닙니다. 마곡나루역 근처로 사무실을 계약한다고 가정하면 용인에 살고 있는 직원은 출근 시간만 약 3시간이 걸릴 것입니다. 왕복 6시간입니다. 또한 직원들에게 물으니 모든 직원이 사무실 안에 화장실이 있는 구조를 원하지 않았습니다. 이렇게 찾다 보니 지금의 위치인 서울시 서초구 서초동이 우리의 보금자리가 되었습니다. 강남 한복판이기에 임대료가 비싸지 않을까 했지만 사무실도 인연이 있습니다.

동행 관세사무소는 책상 간의 칸막이가 없습니다. 칸막이를 원하지 않았으며 솔직히 칸막이 구입 비용이 아깝더라고요. 모든 가구는 중고입니다. 작은 규모의 사무실 공간이지만 소통 및 열린 공간을 원했습니다. 유명한 해외 'G'사의 사무실 스타일이라고 스스로 합리화 및 셀프 세뇌를 한 것인지도 모르겠습니다. 인테리어에 지출을 하지 않습니다. 당연히 대표인 저의 책상 자리도 훤히 보입니다. 얼마 전 SBS TV 프로그램 〈미운 우리 새끼〉에서 탁재훈 씨의 사무실이 나온 적이 있습니다. 제 눈에는 훌륭한 사무실입니다.

동행 관세사무소는 이느 사무실보다 직원이 만들어내는 인테리어로 아름답습니다. 사무실 정문에는 많은 사람이 볼 수 있도록 '많은 기업이 만족하는 강한 관세사무소입니다.'

문구가 적힌 현수막이 걸려 있습니다. 문 앞에는 2021년 새해이기에 이러한 문구를 적어 붙여 놓았습니다.

우리 모두가 경험하지 못한 힘들고 어려운 2020년 경자년이 저물어가고 있습니다.
2020년! 고생하셨습니다. 수고하셨습니다.

2021년은 '소의 해'입니다. '부(富)', '근면' 그리고 '행운'의 단어가 연상됩니다.
밝아오는 2021년 신축년 새해 가정의 평안과 행복을 기원합니다.

모든 책상에는 드라마 '미생'의 명대사가 적힌 액자가 있습니다. 전자레인지 위에도 액자가 있군요. 사무실 입구 서랍장 위에는 그동안 세상으로 나온 '동행 관세사무소' 상호가 기입된 굿즈(Goods) 등이 전시되어 있습니다.

가장 중요한 인테리어는 동행 관세사무소의 주인인 컨설턴트들이 만들어내는 열정과 웃음입니다. 사무실 인테리어를 바꿀 의향이 없습니다.

훗날 이곳은 대한민국 관세사 역사에서 한 획을 그은 동행 관세사무소가 있던 자리가 될 것이라고 정신건강에 좋은 건전한 상상을 합니다.

여기가 우리의 보금자리입니다.

# 교통카드를 사용하세요

동행 관세사무소는 대표가 바쁩니다. 영업을 갑니다. 의견서를 작성해야 합니다. 우체국을 가야 합니다. 점심 식사를 사러 갑니다. 청소를 해야 합니다. 특히 주말은 대표가 가장 바쁠 것입니다. 즉 대표라고 일을 안 하는 것은 없습니다. 이 역시 규칙입니다. 아무리 작은 사무소를 운영하더라도 규칙이 필요합니다. 사규입니다. 작은 사무소일 때 사규가 체화되어야 규모가 커져도 사규를 바탕으로 시스템이 작동한다고 생각합니다. 사무실 규모가 커질 것이라 믿습니다.

예를 들어 교통카드 사용의 규칙입니다. 집에서 외근 장소로, 사무실에서 외근 장소로, 외근 장소에서 외근 장소로, 외근 장소에서 집으로, 외근 장소에서 사무실로 등 이동이 다양한 경우가 있습니다. 언제 교통카드를 사용하여야 하는지 정합니다. 최근에는 직원들이 고생하기에 교통카드의 사용 범위를 넓혔습니다. 교통카드 사용일지는 빼곡히 작성되고 있습니다.

다른 예를 들겠습니다. 제가 아는 분은 영업비용으로 동업자와 서로의 신뢰를 잃어 갈라진 적이 있습니다. 누구는 식사 영업을 좋아하고 누구는 굳이 그렇게까지 식사 영업의 효과가 없기에 좋아하지 않습니다. 매출액이 큰 사무실에서는 이런 부분을 걱정할 필요가 없겠지요. 오히려 일정 금액의 법인카드를 사용해야 세금을 절약할 수 있으니까요. 개업 초기의 단계 즉 매출액이 얼마 안 되는 경우 이런 부분에 민감해질 수 있습니다.

사소하지만 작은 것부터 규칙을 만드는 것은 어떠할까요? 사규가 습관이 되면 시스템으로 작동합니다.

"작은 사무소일 때 사규가 체화되어야
규모가 커져도 사규를 바탕으로
시스템이 작동한다고 생각합니다.
사무실 규모가 커질 것이라 믿습니다."

# 블로거가 되다

　많은 분들이 블로그를 운영합니다. 블로그는 하나의 마케팅 수단이 될 수 있습니다. 저 역시 블로그를 운영합니다. 개업과 동시에 약 1년간은 거의 하루도 빠지지 않고 블로그에 하나씩의 자료를 업로드하였습니다. 아침부터 저녁까지 업체를 방문하고 저녁에 사무실로 복귀해서 자료를 업로드하고 퇴근했습니다. 개업 초기에는 업무가 없었기에 가능하였던 업로드 횟수입니다. 현재는 거의 손을 놓아 이 글을 쓰면서도 많이 창피하고 부끄럽습니다. '글을 시작하며' 부분에서 언급한 아날로그적 방법이라고 한 이유가 바로 이 부분입니다. 개업 초기에 무엇이든 하여야만 스스로 위안이 되었기에 시작은 했습니다만 앞으로 블로그가 시스템으로 작동되기 바랍니다.

서점에 방문하면 훌륭한 블로그 관련 책들이 많습니다. 감히 말씀드리자면 블로그는 설계 단계가 중요합니다. 누구를 위하여 무슨 내용을 공유할 것인가? 저 역시 관세사, 국제무역사 및 무역영어 수험생을 위한 자료실도 만들까 고민한 적이 있습니다. 결국은 수험 자료는 포기하였습니다.

권담당! 그대의 마케팅적 센스를 믿습니다.

# 무조건 비용을 아끼자

컴퓨터, 모니터, 복합기, A4 용지, 외장하드, 화이트보드, 냉장고, 커피포트, 선풍기, 히터, 명함, 명판, 도장, 회사 봉투, 통관 프로그램 가입, 공인인증서 신청, 관세사 보험 가입, 임대료, 회사 이메일 계정 신청, 각종 업무 관련 인터넷 회원 가입, 전화 가입, 가구 구입, 물, 스테이플러 등 각종 사무용품 등등 이 모든 것을 구입하는 데 돈이 필요합니다.

그 외에 회사 은행 계좌 만들기, 한국관세사회 및 서울지부 등 개업신청, 세무사 선택 등 준비할 것이 많습니다. 참고로 사무실 이사를 하면 주소 변경된 사업자등록증을 한국

관세사회와 통관 프로그램 업체에 보내야 합니다. 처음부터 잘 세팅하시기 바랍니다.

A4 용지 및 토너를 아끼기 위하여 모니터를 2개 구입하는 것이 효율적일까? 이메일 용량은 어느 정도로 신청할까? 하는 고민을 합니다. 코로나19로 많은 자영업자들이 힘든 시간을 보내고 있습니다. 하루에 컵라면 2개를 먹고 버틴다는 뉴스를 접했습니다. 저 역시 개업 초기에는 하루에 컵라면 하나와 빵 한 조각으로 버틴 적이 있습니다. 어서 코로나19가 종식되기 바랍니다. 오늘 회식은 소주와 새우깡입니다.

매출을 올리는 만큼 비용을 줄이는 것도 경영입니다. 여기는 총무팀입니다.

# 총알

전쟁에서 군수물자의 보급은 중요합니다. 군수물자 보급이 잘 되어야 총알, 수류탄 등을 보충할 수 있습니다. 총알, 수류탄이 없으면 전쟁을 할 수 없습니다. 람보가 혼자 많은 적과 싸워 이길 수 있었던 주요 요인이 혹시 몸에 가득 두른 총알이 아닐까요? 총 안의 총알이 떨어져도 몸에 두른 총알이 있으니 계속 싸울 수 있습니다.

시무실이 적자에서 흑자로 빨리 전환이 되면 바랄 것이 없지만 실상은 희망사항과 거리가 있습니다. 계(契)를 하듯이 적금을 납입하듯이, 사무실이 흑자로 전환될 때까지 버

관세사무소에서 희망을 찾다

틸 수 있는 자금을 마련하는 것이 좋습니다. 미리 마련하지 않으면 그 자체가 개업을 망설이는 이유가 됩니다. 100%는 아니지만 자금이 없어 개업은 하고 싶지만 개업을 못한다는 것은 변명입니다. 개업의 의지가 있으면 자금을 확보하시기 바랍니다. 퇴직금을 받고 일부를 집에 주고 총알을 마련했습니다. 이 자금이 고갈되기 전에 흑자로 돌아서야 합니다. 손익계산서를 만들어봅니다. 몇 달을 버틸 수 있나요? 큰일입니다. 뭐든 해야만 합니다.

매달 꼬박꼬박 월급이 나오던 그때가 그립습니다.

# Who is our partner?

관세법인의 경우 전국에 지사가 있습니다. 관세법인이 모두 직영은 아닙니다. 독립채산제도 많습니다. 어쨌든 인프라가 있습니다. 반면 관세사무소 혹은 합동관세사무소는 상대적으로 인프라가 약합니다. 전국 항만, 공항 및 내륙에서 수출입통관을 위한 검사가 걸릴 경우 또는 직접 세관을 방문해야 하는 경우 등 인프라 한계가 있습니다. 미리 협업할 수 있는 파트너를 찾으시면 일이 발생했을 때 우왕좌왕하지 않습니다. 동기 관세사분과 협업도 많이 하십시오. 그리고 운송사, 창고업체, 검역업체 등 협력업체도 미리 체크하시기 바랍니다.

# 영업인입니다

대학교를 졸업하고 직장생활을 하면서 저는 스스로 영업인이라고 생각한 적이 없습니다. 오히려 '영업인'의 단어에 대하여 편견이 있었습니다. 부정적 편견입니다. 그런데 현재 저는 영업인이 되어 있습니다. 어느 날은 영업이 잘되고 어느 날은 영업이 안 됩니다. 영업은 친한 친구이면서 보기 싫은 친구이기도 합니다. 어쨌든 친구이기에 영업이 좋습니다. 세상에 영업이 재밌게 느껴지다니….

저는 영업인입니다. 그 영업 이야기를 시작하겠습니다.

# 교육하겠습니다

교육하는 것을 좋아합니다. 발표하는 것을 좋아합니다. 남들 앞에서 발표하는 것을 대학교 시절에는 그리 좋아하지 않았습니다. 그런데 사회를 나오니 좋아하는 것만 할 수는 없지 않습니까? 그 유명한 말 '피할 수 없다면 즐겨라.'를 실천하게 됩니다. 다니던 관세법인에서 발표를 거의 전담으로 하게 되었습니다. 발표할 업무가 생기면 몇 번이나 리허설을 하며 떨지 않도록 노력했습니다. 발표가 재미있어집니다.

우리 모두 교육을 생각하면 좋겠습니다. 혹시 교육을 할 때 딱딱하게 법 조항을 읽으며 진행을 하시는지요? 저 역시 과거 법 조항을 읽으며 교육을 한 적이 있습니다. 피교육자 분들이 꾸벅꾸벅 조는 모습에 이렇게 교육을 해서는 안 되겠구나 생각했습니다. 피교육자분들도 재미없지만 조는 모습을 보는 저도 재미없습니다.

저만의 교육 방식을 만들기 위해 연구했습니다. 오래된 이야기지만 아버지가 과거 신입사원들 앞에서 교육하는 모습이 촬영된 비디오를 본 적 있습니다. 비디오 안에서 아버지는 교육이 아니라 대화를 하고 있었습니다. 제 머릿속에 각인된 장면입니다. 삼십 년도 지난 이야기지만 그 모습이 떠올랐습니다. 딱딱한 법 조항을 설명할 때 그림이나 사진을 사용하여 이야기를 만들어 설명합니다. 법 조항에 이야기를 만들어 생명을 불어넣는 것이 쉬운 작업은 아닙니다. 제 모든 경험을 동원했습니다. 그러자 확연히 피교육자분들의 집중력 상승에 도움이 되고 웃음이 있는 교육이 되었습니다. 약 10년간 현업에서 활용하다 보니 저만의 교육 방식으로 자리를 잡았습니다. 교육이 아닌 이야기의 장(場)이 되는 것이지요. 실제로 이러한 독특한 교육 방식으로 업체뿐만 아니라 협회, 대학교 및 고등학교에서 교육 요청이 많이 들어옵니다.

그럼 교육을 수단으로 고객이 된 사례를 말씀드리겠습니다. 대기업군인 'S'사는 대형 관세법인 3개와 거래를 하고 있었습니다. 2018년 'S'사와 'S'사의 협력업체를 대상으로 교육할 기회가 있었고 독특한 교육 방식으로 진행하여 현재는 고객이 되어 있습니다. 통관 기회를 주셨습니다. 'S'사는 대형 관세법인 3개와 거래를 하고 있었으나 이러한 교육 방식이 마음에 들었고 동행 관세사무소의 진심을 보여주었다고 생각합니다.

향후 기회가 되면 이러한 교육 방식인 사례 컨텐츠를 모아 '관세 & 무역 이야기'로 출판하고 싶습니다. 오래된 생각입니다.

수출입업체들은 직접 관세사와 연결되어 있거나 포워더를 통하여 관세사와 연결되어 있습니다. 하지만 교육을 제공하는 관세사들이 많은 것 같지는 않습니다. 대기업 또는 중견기업 정도 교육을 받는다고 생각합니다.

영업인으로서 당당하게 말씀하시죠? '신입사원 교육 한번 해드리겠습니다.'

"법 조항에 이야기를 만들어
생명을 불어넣는 것이 쉬운 작업은 아닙니다.
제 모든 경험을 동원했습니다. 그러자 확연히 피교육자분들의
집중력 상승에 도움이 되고 웃음이 있는 교육이 되었습니다.
약 10년간 현업에서 활용하다 보니
저만의 교육 방식으로 자리를 잡았습니다.
교육이 아닌 이야기의 장(場)이 되는 것이지요."

# 의견서 보내드리겠습니다

동행 관세사무소가 비록 설립된 지는 얼마 되지 않았지만, 그 짧은 시간에도 양질(良質)의 성장을 이룰 수 있었던 회심의 도구는 개인적으로 의견서라고 생각합니다.

의견서는 업체가 알아야 할 업무에 대하여 정리하여 드리고 담당자가 보고하여야 할 부분에 대하여 도와드립니다. 양식은 이미 1장 〈외국환거래법상 상계에 대하여 정리 부탁드립니다〉에서 소개하였습니다.

통관을 위주로 하는 관세사무소는 업무 특성상 정신이

없습니다. 업체 담당자가 업무 관련 궁금한 사항이 있어도 전화상 답변드리거나 이메일로 간단히 기입하여 회신을 하는 경우가 많습니다. 저희는 그 부분을 주의 깊게 보았습니다. 전화상 답변을 드렸으나 업체 담당자분이 완벽히 이해를 못 한다고 생각하는 경우 그리고 이메일로 회신드렸으나 업체 담당자분에게 체계적인 정보가 필요한 경우에 시간이 다소 걸려도 의견서를 작성하여 보내드렸습니다. 이 부분이 주효했습니다.

한 달에 한 건의 통관이 있는 업체의 경우 어느 정도 규모가 되는 관세사무소에서는 의견서를 제공하는 것이 흔하지는 않다고 생각합니다. 일부 관세사무소에서는 유료 서비스를 하는 경우도 있습니다. 작은 규모의 업체가 이러한 서비스를 받다 보니 만족하시고 다른 업체도 소개해주셨습니다. 마법의 도구입니다.

향후 기회가 되면 업체 주요 정보를 뺀 의견서를 모아 이역시 출판하고 싶습니다.

고객님! 의견서 보내드리겠습니다.

"동행 관세사무소가 비록 설립된 지는 얼마 되지 않았지만,
그 짧은 시간에도 양질(良質)의 성장을 이룰 수 있었던
회심의 도구는 개인적으로 의견서라고 생각합니다.
의견서는 업체가 알아야 할 업무에 대하여 정리하여 드리고
담당자가 보고하여야 할 부분에 대하여 도와드립니다."

# 바로 답변드리겠습니다

동행 관세사무소는 업무 진행 시 개인 이메일이 아닌 공용 이메일을 사용하고 있습니다. 명함에 공용 이메일 하나만 기입되어 있습니다. 처음에는 어색했습니다. 즉 업체와 오고 가는 이메일 내용을 구성원 모두 확인할 수 있는 시스템인 거지요. 개인 이메일이 아닌 공용 이메일을 사용한다는 것은 장단점이 있으나 규모가 크지 않은 관세사무소는 장점이 많다고 생각합니다. 모든 구성원이 확인할 수 있기에 업무 공유가 자연스럽게 됩니다. 업무가 한 명의 구성원에게 편중되지 않습니다. 업체에서 질문이 왔을 때 그 질문에 자신 있는 직원 또는 다소 한가한 직원이 즉각적으로 답변할 수 있습니다. 조직이 큰 관세사무소에서는 팀별로 공용 이메일을 사용하는 것도 하나의 방법이겠지요. 개인 이메일을 사용하는 경우 담당자 부재 시 즉각적 답변이 어렵습니다. 심지어 담당자 퇴사 시 새 이메일 주소를 업체에게 안내하여야 하며 과거 자료를 찾을 수 없는 경우도 발생할 수 있습니다. 서비스와 밀접한 부분입니다.

바로 답변드릴 수 있는 역량은 직원들의 역량과 같은 말입니다. 직원들의 역량이 서비스 그 자체입니다. 직원들의 역량이 높으면 업체 서비스 만족도가 높아지며 업체가 업체를 소개해 줍니다. 직원들이 사무실 내부에서 영업을 하고 있습니다.

네, 바로 답변드릴 수 있습니다.

# 오랜만입니다

흔히 보험 영업을 할 때 지인이 1순위라고 말합니다. 지인의 사전적 의미는 '아는 사람'입니다. 제가 이 단어를 바라볼 때 생각나는 사람은 대학교 및 고등학교 친구, 선후배 그리고 가족입니다.

관세사 영업은 어떠할까요? 저 역시 지인을 상대로 부탁했습니다. 대학교 동문 멘토링 활동을 하고, 하루가 멀다 하고 대학교 및 고등학교 친구, 선후배에게 전화를 하였습니다. 지인을 만나기 위해 조찬모임에 참석합니다. 군대 제대한 지 20년도 넘었지만 군대 선배에게 전화를 합니다. 혹시 압니까? 아버지의 베스트 친구가 중견기업 회장님일 수 있습니다. 어머니의 친척이 중소기업 사장님일 수 있습니다. 그러나 가까울수록 부정적인 답변이 돌아오며 그 아픔이 더욱 크게 느껴졌습니다. 가깝다고 생각한 지인이 멀게 느껴지고, 멀다고 생각한 지인이 가깝게 느껴졌습니다. 거절을 겪습니다. 아파하지 마십시오. 슬퍼하지 마십시오. 저의 지인도 저에게 보험 영업을 했으나 거절할 수밖에 없었습니다.

아프고 슬프기에 지인을 상대로 영업을 안 한다고요? 자존심이 상하십니까? 아들이 다니던 유치원 친구 아버님은 저희의 소중한 고객이 되었습니다. 우리는 영업인입니다.

# 빌딩 치기 다녀올게

개업 초기에는 어제도 업무가 없었습니다. 오늘도 업무가 없습니다. 내일도 업무가 없을 것입니다. 오늘은 아무리 생각해도 더는 찾아갈 업체가 없습니다. 업무가 없고 찾아갈 곳이 없다는 것을 생각하면 아침에 눈 뜨기가 두렵습니다. 눈이 떠져도 다시 눈을 감습니다. 출근을 합니다. 그렇지 않아도 좁은 사무실이 숨이 턱턱 막혀 옵니다. 명함, 교육리스트, 회사소개서 그리고 판촉물을 챙겨 구두끈을 다시 매어 빌딩 치기 하러 갑니다. 빌딩 치기 다녀올게.

'빌딩 치기'는 어느 빌딩을 정하여 그 빌딩 안에 입주한 업무와 관련된 사무실을 무작정 방문하여 인사드리는 것을 말합니다. 전화를 미리 걸고 방문하는 것과 다릅니다. 몸과 마음이 떨립니다. 문을 열고 들어가나 앞이 보이지 않습니다. 상대방이 잡상인 취급을 하지만 정중하게 말씀드립니다. "회사에 도움을 드릴 수 있습니다. 잠시 시간 부탁드립니다. 명함 한 장만 주십시오."

커피 또는 물을 주시면 15분 이상 앉을 수 있습니다. 회의실에서 명함을 주시면 10분 이상 앉을 수 있습니다. 입구에서 명함을 주시면 그래도 3분 이상 인사드릴 수 있습니다. 입구에서 명함은 주시지 않지만 이야기를 들어주시면 1분은 인사드릴 수 있습니다. 입구에서 잡상인 취급하시면 3초 만에 그 업체 밖으로 나옵니다.

빌딩 치기는 영업 관련 책에서 그리고 많은 분들이 요즘 누가 그렇게 영업하느냐고 말씀하십니다. 맞습니다. 인사를 드리면 물 한잔은커녕 명함 한 장 받기도 어렵습니다. 그런데 저는 이상하게 빌딩 치기를 해보고 싶었습니다.

윌 스미스 주연의 영화 〈행복을 찾아서〉가 떠오릅니다.

아마도 세일즈맨 '크리스 가드너'가 아들인 '크리스토퍼'와 함께 영업하는 모습이 저의 뇌리에 강하게 박힌 영향도 있고 그 모습이 나쁘지 않았습니다. 저 역시 아들을 둔 입장이었기에 '크리스 가드너'를 응원했습니다.

잘 되는 날은 잘 되고 안 되는 날은 그렇게 안 될 수가 없습니다. 잘 되지 않는 날은 근처에 있는 공원에서 잠시 쉬다가 다시 빌딩으로 올라갑니다. 그 공원에는 서로 말을 나누지 않아도 저와 비슷한 처지의 영업인이 항상 보입니다. 광화문역 근처의 공원에서 비둘기가 저를 위로합니다.

그럼 빌딩 치기를 수단으로 고객이 된 사례를 말씀드리겠습니다. 하남시에 위치한 'G'사를 방문하였는데 사용하고 있는 관세사무소가 마음에 들지 않으셨는지 수입 통관 의뢰를 빠른 시일 내에 해주셨습니다. 당산역에 위치한 'E'사를 방문하였는데 부장님이 관세 관련 궁금한 사항이 딱 있으셔서 상담을 하였습니다. 확률은 낮지만 그럼에도 불구하고 빌딩 치기로 고객이 하나씩 증가하고 있습니다. 요즘 누가 그렇게 영업하느냐고 하지만 그 속을 보고 느끼고 싶지 않으신가요? '경험은 최고의 배움이다.'라는 문구가 떠오릅니다.

영업인으로서 자신 있게 말씀하십시오! "안녕하세요. 관세사입니다. 아래층 사무실에 미팅이 있어 왔는데 무역회사죠? 인사 한번 드리겠습니다. 명함 한 장만 주십시오. 여기 회사소개서 두고 가겠습니다. 꼭 검토 부탁드립니다." 한 달 뒤에 저는 다시 그 업체를 방문합니다. 이제 반갑게 인사합니다.

"'빌딩 치기'는 어느 빌딩을 정하여
그 빌딩 안에 입주한 업무와 관련된 사무실을
무작정 방문하여 인사드리는 것을 말합니다.
전화를 미리 걸고 방문하는 것과 다릅니다."

# 오늘도 지하철을 탑니다

    저는 운전면허증이 있으나 운전을 즐기지 않습니다. 대중
교통을 좋아합니다. 지하철을 좋아하고 버스를 좋아합니다.
많은 분이 햇볕이 강한 여름날, 귀가 떨어져 나갈 것 같은
엄동설한에 어떻게 대중교통을 타고 다닐 수 있냐고 말씀
을 하십니다. 네, 덥습니다. 춥습니다. 그럼에도 불구하고 많
은 사람들이 대중교통으로 다니고 있습니다. 땀을 한 바가
지 흘러 땀 냄새가 온몸에 퍼집니다. 미팅 중에 신경이 쓰입
니다. 핸드크림을 아무리 발라도 손이 튼 것을 숨길 수 없습
니다.

대중교통을 좋아하는 이유는 몸이 자유롭기 때문입니다. 이동 중 업체에서 전화가 와도 손이 자유롭기 때문에 메모가 가능합니다. 지하철 의자는 저에게는 훌륭한 회의실이 됩니다. 이동 중 몸이 피곤하면 잠시 눈을 감습니다. 버스 의자는 훌륭한 침실이 됩니다. 책을 좋아하기에 이동 중 독서를 많이 합니다. 냉방과 난방이 되는 훌륭한 도서관입니다. 대중교통을 이용하니 교통체증으로부터 어느 정도 자유롭기에 시간 예측이 됩니다. 환승을 이용하니 비용도 절약할 수 있습니다. 주차비 걱정이 없어 마음에 여유가 생깁니다. 대중교통을 이용하니 하루에 10개 이상 업체도 방문이 가능했습니다.

저는 걷기를 좋아합니다. 2018년에는 하루에 많게는 4만 보를 걷고, 요즘도 하루에 평균 1만 보 이상은 걷습니다. 대중교통을 이용하니 전국이 저의 체육관입니다. 전국 어디에 위치하였든 방문을 원하는 업체가 있으면 기분 좋게 달려가겠습니다. 심야버스를 타고 무궁화호를 타고 비용을 아끼며 업체 방문한 기억이 떠오릅니다.

1호선, 2호선, 3호선, 4호선, 5호선, 6호선, 7호선, 8호선,

9호선, 인천 1호선, 인천 2호선, 신분당선, 경의중앙선, 경춘선, 수인분당선, 공항철도, 에버라인, 경강선, 서해선….

제가 승하차한 역을 기입하고 싶으나 포기합니다.

"대중교통을 좋아하는 이유는 몸이 자유롭기 때문입니다.
이동 중 업체에서 전화가 와도
손이 자유롭기 때문에 메모가 가능합니다.
지하철 의자는 저에게는 훌륭한 회의실이 됩니다.
이동 중 몸이 피곤하면 잠시 눈을 감습니다.
버스 의자는 훌륭한 침실이 됩니다.
책을 좋아하기에 이동 중 독서를 많이 합니다.
냉방과 난방이 되는 훌륭한 도서관입니다.
대중교통을 이용하니 교통체증으로부터
어느 정도 자유롭기에 시간 예측이 됩니다.
환승을 이용하니 비용도 절약할 수 있습니다.
주차비 걱정이 없어 마음에 여유가 생깁니다."

# 제안서를 가지고 오세요

대학교 학생 신분으로 관세사자격시험에 합격한 후 직장 생활 경험 없이 바로 개업을 하는 경우가 있습니다. 이 경우 문서 작업은 학창 시절 리포트 작성 정도가 경험의 전부일 겁니다. 많은 관세사무소가 여전히 영세하기에 제안서 작성 하기에 무리가 있는 경우가 사실이고 충분히 이해합니다. 그 러나 일정 규모 이상의 업체에서는 미팅을 통한 업무 연결 이 아니고 또는 전화를 통한 업무 연결이 아니고 제안서를 요구합니다. 제안서를 보내주세요. 앞서 언급한 발표와 관련 이 있습니다.

저 역시 수없이 많은 발표 경험이 있습니다. 가슴은 두근거리고 머리는 하얗게 변했습니다. 몇 번이나 리허설을 하고 발표 횟수가 증가하니 발표 근육이 생기더라고요. 가수 김원준의 노래 <SHOW>의 '난 주인공인 거야 세상이라는 무대 위에'라는 한 소절을 기억하시기 바랍니다. 교육 방식과 마찬가지로 제안서 발표를 생각해보면 좋겠습니다.

제안서 발표는 초반 강한 임팩트가 중요하다고 생각합니다. 연설이 발표의 일종이라면 2015년 미국 사우스캐롤라이나 찰스턴 교회 총기 난사 사건 희생자 추도식에서 버락 오바마 前 미국 대통령이 부른 'Amazing Grace' 노래를 잊을 수 없습니다. 노래 한 곡으로 어떤 추도의 말이 필요 없습니다.

잊지 마십시오. 기회는 딱 한 번 지금 바로 이 순간입니다.

안녕하십니까? 동행 관세사무소의 김상균입니다.

동행 관세사무소는 진심으로 세계적인 자동차 회사의 물류 SCM 중 통관 부분을 맡을 수 있다는 것에 강한 자부심이 있습니다.

기회를 주십시오.

# 편지를 보냅니다

변호사 니시나카 쓰토무의 책『운을 읽는 변호사』를 읽으면 '한 장의 엽서가 당신에게 행운을 가져다주는 열쇠가 될지도 모르니까요.'라는 문구가 있습니다. 편지와 엽서를 많이 보내면 운이 들어온다고 합니다. 저는 이것을 믿습니다.

실제 동행 관세사무소는 2018년 2월 1일부터 2021년 2월 1일 현재까지 공식적으로 14번의 편지를 보냈습니다. 앞으로도 계속 보낼 것입니다. 실제 동행 관세사무소에서 업체로 보낸 편지의 일부입니다. 글은 잘 쓰지 못하지만 연애할 때의 설렘의 느낌으로 감동을 주기 위해서 노력합니다.

# 편지 1

謹賀新年

안녕하십니까? '동행 관세사무소'입니다.

기해년 새해에는

많은 사람들이 지하철에서 휴대폰보다 책을 보고

많은 사람들이 외식보다 함께 만든 음식을 맛보면 좋겠다는 소망

을 가져봅니다.

2019년은 '황금 돼지해'입니다.

'오가와 이토'의 소설 『달팽이 식당』에 등장하는 '에르메스'라는 돼지처럼 2019년은 우리 모두에게 따뜻하고 행복한 '돼지해'가 되기를 기원합니다.

2018년 수고하셨습니다.
2019년 응원하겠습니다.

"귀사의 진정한 관세 및 무역 동반자"
'동행 관세사무소'입니다.

감사합니다.

# 편지 2

봄의 기운이 완연한 3월입니다. 그간 안녕하셨습니까?

'동행 관세사무소'입니다.

모두가 '신종코로나바이러스 감염증'으로

어렵고 힘든 시간을 보내고 있습니다.


IMF 시절, 여러 가수가 부른 노래 〈하나되어〉의

'우린 해낼 수 있어 다시 일어날 수 있어 그토록 힘들었던 지난 시련

도 우린 하나되어 이겼어'라는 한 소절이 떠오릅니다.


가수 SES의 노래 〈달리기〉의

'단 한 가지 약속은 틀림없이 끝이 있다는 것 끝난 뒤에 지겨울 만큼 오랫동안 쉴 수 있다는 것'이라는 한 소절이 떠오릅니다.

경자년 새해 인사를 드린 후, '동행 관세사무소'는 긍정과 열정의 힘으로 귀사와 함께 힘차게 걸어가고 있습니다.

'동행 관세사무소'는 늘 그래왔듯이 감동으로 보답하겠습니다.
"귀사의 진정한 관세 및 무역 동반자"
'동행 관세사무소'입니다.

감사합니다.

# 편지 3

안녕하십니까? '동행 관세사무소'입니다.

그립습니다. 너무 그립습니다. 너무너무 그립습니다.

야구장에 가서 맥주 마시며 소리쳐 응원하고 싶습니다.
초등학교의 학생들이 뛰며 일으키는 먼지를 보고 싶습니다.
지하철 건너편에 앉은 우리 아버지의 얼굴이 보고 싶습니다.
노래방에 가서 015B의 〈친구와 연인〉을 부르며 멋진 가수가
되고 싶습니다.
영화관에 가서 팝콘 먹으며 〈기생충〉 영화를 보고 싶습니다.

많은 인파가 모인 어느 페스티벌, 한가운데에 서 있고 싶습니다.
마음 편하게 회식을 하며 취하고 싶습니다.

몰랐습니다. 우리의 일상이 이렇게 그리울 줄 몰랐습니다.
알았습니다. 다시 일상이 오면 더욱 사랑하며 살아가야 한다는 것
을 알았습니다.

'동행 관세사무소'는 항상 여러분들을 응원합니다.
이 또한 지나갑니다. 반드시 지나갑니다.

"귀사의 진정한 관세 및 무역 동반자"
'동행 관세사무소'입니다.

감사합니다.

관세사무소에서 희망을 찾다

# 'Limited Edition'입니다

어떻게 하면 '동행 관세사무소' 상호를 알릴 수 있을까? 그 한 가지 방법으로 '동행 관세사무소' 상호가 기입된 굿즈 (Goods) 제작을 하였습니다. 그리하여 첫 번째로 탄생한 것이 주황색 연필과 노란색 연필이었습니다. 그 이후 보온병, 자(Ruler), 검정색 연필, 텀블러, 볼펜과 연필 세트, 머그잔이 세상에 나오게 되었습니다.

이러한 굿즈(Goods)는 단순 판촉물이 아니고 동행 관세사무소의 영업사원입니다. 이미 몇천 명의 영업사원이 업체 담당자 곁에 함께 있습니다. 다음에는 어느 굿즈(Goods)가 세상에 나올까요? 저도 궁금합니다.

또한 반려동물과의 동행을 주제로 '가을이네' 협찬을 받아 주요 업체에게 산책용 배변봉투를 무료로 기부하였습니다. 이 자리를 빌려 '가을이네' 유호진 대표님에게 감사의 인사를 드립니다.

동행 관세사무소는 굿즈(Goods)를 통해 하나의 문화를 만들어 가겠습니다.

혹시 '보온병' 남는 거 있습니까? 죄송합니다. 'Limited Edition'입니다.

CHAPTER

3

# 우리들의
# 이야기

# 직원이 주인입니다

동행 관세사무소의 컨설턴트들이 동행 관세사무소의 주인입니다.

동행 관세사무소의 컨설턴트 연봉은 비슷한 연차의 업무경력으로 비교했을 때 타 관세사무소의 직원보다 높다고 개인적으로 생각합니다. 'A' 컨설턴트의 연봉은 비슷한 연차의 타 사무실 직원과 비교해보면 상당히 높을 것입니다. 역시 'B' 컨설턴트의 연봉도 비슷한 연차의 타 사무실 직원과 비교해보면 상당히 높을 것입니다. 'C' 컨설턴트도 마찬가지입니다. 컨설턴트 연봉이 높으면 상대적으로 대표가 가지고

갈 수 있는 금액은 적어집니다. 하지만 저는 이 논리는 맞지 않다고 생각합니다. 컨설턴트들이 가장 많은 시간 고객과 의사소통을 하고 있습니다. 고객이 업무 진행에 만족하니 고객이 타 업체를 소개하는 사례가 빈번합니다. 컨설턴트들이 고객 대응을 잘못하면 고객은 떠납니다. 컨설턴트들이 사무실 내부에서 관리 영업뿐만 아니라 신규 영업을 하고 있는 것입니다. 컨설턴트들이 저의 월급을 만들어주고 있습니다. 직원이 있기에 제가 존재합니다. 힘든 시간 견뎌줘서 고맙고 함께 해줘서 감사합니다.

동행 관세사무소의 경영방침을 살펴보겠습니다. 혹시 이상한 점이 눈에 들어오시는지요?

하나. 구성원은 동반자입니다.
결실을 나눕니다. 나누는 열매는 더 많은 씨를 내려 풍요로운 동행이 됩니다.

하나. 귀사는 가장 중요한 동반자입니다.
귀사가 당해 업계/업종에서 최고의 리더가 될 수 있도록 한결같이 옆에 있겠습니다.

하나. 더 나아가 사회와 동행하겠습니다.

사회와의 동행은 더 많은 동행의 동반자로 나타날 것임을 확신합니다.

경영방침 두 번째 '귀사는 가장 중요한 동반자입니다.' 귀사가 가장 중요하다고 말하면서 왜 경영방침의 첫 번째에 배치하고 있지 않을까요? 고민을 많이 했습니다.

귀사, 즉 고객이 없으면 매출이 없습니다. 그러면 동행 관세사무소도 없습니다. 사회생활을 하면서 오랫동안 팀장 직책을 수행했습니다. 하나의 팀을 이끌기 위해서는 팀원들의 역할이 중요하며 전부라고 해도 과언이 아닙니다. 제 마음속의 가장 중요한 동반자는 구성원이기에 첫 번째로 배치한 것입니다. 살짝 트레이드를 진행한 것입니다. 고객도 구성원도 너그럽게 이해해주실 거라 믿습니다.

"하나. 구성원은 동반자입니다.
하나. 귀사는 가장 중요한 동반자입니다.
하나. 더 나아가 사회와 동행하겠습니다."

# 여행 다녀오세요

저는 인복(人福)이 있습니다. 훌륭한 직원과 함께 일하고 있습니다. 말씀드렸듯이 직원이 동행 관세사무소의 주인입니다. 고맙습니다. 감사합니다. 사랑합니다. 수고하셨습니다. 여행 다녀오세요. 동행 관세사무소는 직원과 그 가족에게 여행을 보내드립니다.

'A' 컨설턴트는 입사 1년 차에 가족 모두 제주도 여행을 보내드렸습니다. 입사 2년 차에 가족 모두 속초 여행을 보내드렸습니다. 입사 3년 차에는 가족 모두 강화도 여행을 보내드렸습니다. 'B' 컨설턴트는 입사 1년 차에 지인과 함께 제주도 여행을 보내드렸습니다. 입사 2년 차에 부모님과 함께 대전 여행을 보내드렸습니다. 'C' 컨설턴트는 2020년 '코로나19'로 인하여 여행을 갈 수 없으니 대신 현금으로 보답하였습니다. 퇴사한 'D' 컨설턴트에게도 현금으로 보답하였습니다.

'코로나19'가 종식된 후 동행 관세사무소의 주인들이 해외여행을 다녀오는 기분 좋은 상상을 합니다. 상상은 현실이 됩니다.

여행 다녀오세요.

# 여기는 Spring Camp

동행 관세사무소는 워라밸(Work-life balance)과는 관계가 없습니다. 일의 강도가 상당히 높습니다. 정시 퇴근⋯. 글쎄요. 밤 시간 혹은 새벽 시간에도 통관 업무를 진행하는 경우가 타 사무소보다 적지 않다고 생각합니다. 주말에도 통관 업무를 진행합니다. 명절에도 통관 업무를 진행합니다. 저희 고객 업무의 특수성이 그 이유입니다. 하지만 즐겁게 웃으며 강한 자부심을 가지고 일합니다.

동행 관세사무소에서는 다양한 품목, 업종, 형태의 업무를 경험할 수 있습니다. 예를 들며 이유를 설명하겠습니다.

한 달 기준 하나의 업체가 통관 건수 100건이 아니라 100개의 업체가 각각 통관 건수 1건씩입니다. 효율성은 떨어지고 시간은 많이 소요됩니다. 대신 경험을 쌓을 수 있습니다.

 여기는 'Spring Camp'가 차려진 서울시 서초구 서초동입니다.

관세사무소에서 희망을 찾다

# 교육비는 비용이 아니라
# 투자입니다


최기석 수석 컨설턴트와 김성태 책임 컨설턴트는 한국관세사회 주관 사무원양성교육을 이수하였습니다. 퇴사한 컨설턴트도 이수하였습니다. 동행 관세사무소에서는 관세사 시험 과목 온라인 교육을 지원하고 있습니다. 관세 및 무역 관련 법, 시행령, 시행규칙 그리고 관련 고시가 끝없이 수시로 변경되고 생기고 있습니다. 뒷부분에서 다시 언급하겠지만 공부하는 직업입니다.

업무의 최전선에 있는 컨설턴트들이 일차적으로 업무 리스크를 제거하여야 합니다. 공격이 최선의 방어입니다. 김성태 컨설턴트는 원산지관리사 자격을 보유하고 있습니다. 그럼에도 불구하고 다시 원산지관리사 교육을 원했습니다. 2020년 가을, 코로나19로 인하여 김성태 컨설턴트에게 원산지관리사 오프라인 교육을 취소하라고 한 것이 못내 아쉽습니다.

교육받을 권리는 컨설턴트의 당연한 권리이며 교육비는 비용이 아니라 투자입니다.

"업무의 최전선에 있는 컨설턴트들이 일차적으로
업무 리스크를 제거하여야 합니다.
공격이 최선의 방어입니다."

# 직위 체계

컨설턴트?! 관세사 업계에서 아주 익숙하다고 할 수 없는 명칭입니다.

일반적으로 사원, 대리, 과장, 차장, 부장 순으로 직위 체계가 구성되지만 동행 관세사무소는 컨설턴트, 담당 컨설턴트, 책임 컨설턴트 그리고 수석 컨설턴트 순입니다.

컨설턴트의 사전적 의미는 고객의 의뢰를 받아 특정 문제 또는 분야에 관한 전문가적 조언을 하거나 업무를 수행하는 전문가를 말합니다. 맞습니다. 관세사무소는 관세 및 무역 관련 법령 등을 다루는 곳입니다. 단순 통관업무가 아닙니다. 법령 등이 통관업무에 스며들어 업무가 이루어집니다. 단순 입력만 한다고요? 여기서는 아닙니다.

고객과 소통하며 업무를 진행하고 고객이 모르는 부분은 컨설팅하면서 고객의 실력을 향상시킵니다. 이 역시 동행입니다. 그러기에 동행 관세사무소의 직위 체계는 컨설턴트라는 명칭을 사용합니다. 단언컨대 명품 컨설턴트입니다.

"컨설턴트의 사전적 의미는 고객의 의뢰를 받아
특정 문제 또는 분야에 관한 전문가적 조언을 하거나
업무를 수행하는 전문가를 말합니다."

# 관세사 김상균

서울에서 태어나 서래초등학교, 방배중학교, 경문고등학교를 졸업하고 한국외국어대학교에서 경제학을 전공하였습니다. 서울 사람입니다. 전공은 경제학이지만 무역학과와 가까운 관세사자격시험을 준비하며 2003년에 합격하였습니다. 한국관세사회 실무수습 수료 후 ㈜동방 물류정책실 전략사업팀에서 일을 시작했습니다.

㈜동방 물류정책실 진략사업팀에서 보낸 당시 나이는 20대 후반이었습니다. 제가 가지고 있는 무기는 관세사 자격증과 경제학 전공 그리고 굳이 하나를 뽑자면 영작이었습니

다. 영작은 완벽한 것이 아니라 어디서 생긴 자신감인지 몰라도 영작에 대한 두려움이 없기에 굳이 하나를 뽑은 것입니다. 그 당시 큰 프로젝트를 맡았습니다. 20대 후반의 나이에 3개 정도의 무기를 가지고 세상으로 던져졌습니다. 제가 모시고 있는 상무님의 해외 출장 자료를 위하여 영작하고, 외국인투자기업을 유치하기 위하여 외국환은행을 방문하고, 법인설립을 위하여 법무법인과 소통하고, 항만을 짓기 위하여 건설사를 만나고, 사무실을 짓기 위하여 건축사를 만나고, 제안서를 작성하여 정부기관에 제출하였습니다. 정신이 없고 뭐가 뭔지도 몰랐습니다. 하지만 확실히 얻은 것이 하나 있습니다. 일단 하면 된다.

제가 모시고 있던 상무님이 제 결혼식의 주례 선생님이 되었습니다. 저의 첫 팀장님은 안부 전화를 드리면 코로나19 시대에 무조건 버티라고 말씀하십니다. 저의 첫 멘토님은 여전히 저에게 멘토링 활동을 하고 계십니다. 동기는 개업 초기 제가 돈이 없는 것을 알고 밥을 사줬습니다. 드라마 <미생>이 떠오릅니다.

관세사 직업에 대하여 말씀드리겠습니다. 저는 제 직업을 즐기고 있습니다. 하지만 사실 어려움도 있습니다. 경제적인 부분을 이야기하는 것이 아닙니다. 관세사 직업을 한마디로 정의하면 평생 공부하는 직업으로 답하겠습니다. 신규업체와의 미팅 또는 기존 고객이 언제 어디서 무엇을 질문할지 모릅니다. 그 무엇에 해당하는 범위가 상당히 넓습니다. 저는 긴장이 됩니다. 다들 마찬가지겠죠.

2003년 관세사자격시험에 합격했을 당시 대한민국은 어느 국가와도 FTA 체결이 되어 있지 않았습니다. 2004년 4월 1일 한-칠레 FTA가 발효되고 그 이후 동시다발적으로 FTA가 체결 및 발효됩니다. FTA가 발효될 때마다 공부하여야 합니다. 2003년 합격 후 실무수습 받을 당시 관세법과 HS편람을 가방 속에 넣고 다니며 업체를 방문한 기억이 납니다. 가방 속 어디에도 FTA 관련 법령 등은 없었습니다. 관세법, 환급특례법, 대외무역법, 외국환거래법, FTA 특례법 등 그리고 관련 시행령, 시행규칙, 고시가 수시로 변경되고 새로 생겨납니다.

관세사 자격을 취득한 이후에도 물류관리사, 원산지관리사, IATA/FIATA COURSE 등의 자격증을 취득하였습니다.

관세사무소에서 희망을 찾다

결혼 이후에도, 아이가 태어난 이후에도 시간이 허락하면 주말에 도서관에 가서 공부를 하였습니다. 장모님과 아내가 과거 도서관으로 놀러 온(?) 적도 있습니다. 평소 야근을 하며 지식을 업데이트합니다. 고등학교 및 중학교 학생들을 대상으로 하는 신문 인터뷰에서 관세사는 평생 공부하는 직업이라고 답변을 하였습니다. 다른 답변이 기억나지 않습니다.

책을 좋아합니다. 요즘은 한 달에 2권 이상의 책을 구입하며 읽습니다. 책의 장르에 관계없이 책을 좋아합니다. 책장에 있는 책들이 저를 서포트하는 느낌이 좋습니다. 독서에 집중하면 스트레스가 해소됩니다. 마케팅 및 영업을 다니며 지하철 안에서 책을 읽습니다. 퇴근 이후에도 집에서 틈이 나면 책을 읽기에 아이들에게 혼납니다. 직원들이 책을 한 권씩 빌려 가지만 반납의 시간이 길어집니다. 추천하고 싶은 책이 있습니다.

오가와 이토의 『츠바키 문구점』, 『반짝반짝 공화국』
릴리 프랭키의 『도쿄타워』
세오 마이코의 『그리고 바통은 넘겨졌다』

무라카미 류의 『55세부터 헬로라이프』

손원평의 『아몬드』

조나 케리의 『그들은 어떻게 뉴욕 양키스를 이겼을까』

팀 페리스의 『타이탄의 도구들』

이채원의 『우리는 공부하는 가족입니다』

김규림의 『뉴욕규림일기』

어다은의 『느려도 괜찮아, 여기는 코스타리카!』

김민기의 『연필로 여행, 캄보디아 태국 라오스』

2020년 12월 밖에 눈이 오는 날, 문자 하나가 도착했습니다. 고객의 문자입니다. '관세사님! 밖에 눈이 오네요. 이동 중 안전에 유의하시고 코로나도 조심하시고요. 내일은 더 추워진다고 하니 멋 부리지 말고 든든하게 입고 출근하세요.' 제가 답장을 보냅니다. '저는 멋하고는 상당히 거리가 있습니다. 따뜻한 저녁 시간 보내세요.'

멋 부리는 라이프 스타일은 제 것이 아닌 듯 살아왔습니다. 독서 외에 취미가 없습니다. 가끔 등산 정도…. 저에게 책 외에 다른 친구가 생기는 것을 기대합니다.

작은 사무실을 운영하지만 예상하지 못한 일들이 발생합니다. 랜섬웨어가 컴퓨터 시스템에 침투하여 업무가 마비된 적이 있습니다. 고객이 관세 및 부가세 금액을 입금하였는데 그 금액이 보이스피싱 자금으로 흘러들어온 것이라 합니다. 하루하루 일을 해결하며 보내고 있습니다.

고등학교 시절에는 대학교에 입학하면 소개팅도 하고 기타도 치고 좋은 시간이 올 것이라 믿었습니다. 대학교에 입학하니 제가 꿈을 꾼 사실을 알고 군대 입대를 했습니다. 군대 제대 후에는 좋은 시간이 올 것이라 다시 생각하면서 군복무를 하였습니다. IMF가 발생하고 군대 제대를 하니 사오정, 오륙도 등의 신생어가 캠퍼스를 장악했습니다. 자격증 공부를 하였습니다. 합격하면 좋은 날이 오겠지. 합격을 하였으나 사회의 경쟁과 치열함에 또다시 고개를 숙였습니다. 결혼을 하면 새로운 세상이 오겠지. 네, 새로운 세상이었습니다. 현재는 대표 관세사로서 관세사무소를 운영합니다. 좋은 날이 올 것입니다.

"외국인투자기업을 유치하기 위하여 외국환은행을 방문하고,
법인설립을 위하여 법무법인과 소통하고,
항만을 짓기 위하여 건설사를 만나고,
사무실을 짓기 위하여 건축사를 만나고,
제안서를 작성하여 정부기관에 제출하였습니다.
정신이 없고 뭐가 뭔지도 몰랐습니다.
하지만 확실히 얻은 것이 하나 있습니다. 일단 하면 된다."

동행 관세사무소는 작지만 많은 기업이 만족하는 강한 관세사무소입니다. 책의 내용에 언급되었듯이 작은 관세사무소의 장점 및 강점이 있습니다. 영화 〈머니볼〉 그리고 저의 추천 책인 『그들은 어떻게 뉴욕 양키스를 이겼을까』에 박수를 보냅니다. 다윗이 골리앗을 이기지 못하여도 같은 리그에서 경쟁을 하고 있습니다. 또는 마이너리그의 선수가 메이저리그의 팀 소속으로 올라가서 야구를 하고 싶습니다.

1장에서는 개업 준비 과정, 2장에서는 영업 방법 그리고 3장에서는 동행 관세사무소의 이야기를 하며 그 안을 보여

드렸습니다. 거창하게 이야기하면 〈머니볼〉의 주인공 팀 그리고 『그들이 어떻게 뉴욕 양키스를 이겼을까』의 주인공 팀의 관세사판 이야기입니다. 같은 리그에서 뛰어야만 하기에 포기하고 싶지 않았기에 아날로그적 접근이라도 하여야 했습니다. 아직 같은 리그에 있으며 여전히 같은 리그에 있을 것입니다.

다시 말씀드리지만 〈글을 시작하며〉 부분에서 언급하였듯이 이 글은 디지털적 내용의 글이 아닌 아날로그적 내용의 글일 수 있습니다. 디지털적 준비 과정과 영업 방법을 몰랐기에 아날로그적 접근을 할 수밖에 없었지만 여러분에게 등대가 되기를 바랍니다. 응원합니다.

글 중간중간 언급한 것처럼 기회가 되면 2권의 책을 더 출판하고 싶습니다. 하나는 저의 교육 방식인 사례 콘텐츠를 모아 '관세&무역 이야기'로 출판하고 싶습니다. 다른 하나는 고객에게 실제 발송한 의견서 및 동행 관세사무소의 활동 내용을 담은 사진들을 모아 출판하고 싶습니다.

이제는 동행 관세사무소가 아날로그 방식이 아닌 디지털

방식으로 제2의 도약을 시작하고자 합니다. 새로운 현수막을 주문합니다. '동행 관세사무소가 제2의 도약을 시작합니다. 출판, 유튜브 진출, 매출 2배 달성, 직원 증원' 지켜봐 주시기 바랍니다.

마무리하겠습니다.

많은 사람들을 만났습니다. 우리가 살고 있는 사회가 생각보다 아픕니다. 많은 사람들이 공황장애와 불면증 등 어려움을 겪고 있으나 쉬지도 못하고 경기장에서 경기를 하고 있습니다. 힘내십시오. 응원하겠습니다.

외국물품이 항공기를 통해 인천국제공항에 도착합니다. 수입통관 신고를 하면 세관과 업무를 합니다. 수입신고수리 이후 창고료를 정산하고 국내운송을 하여 수입업체에게 도착합니다. 어느 날 이 과정이 가슴 벅차게 느껴진 적이 있습니다. 대한민국의 혈관을 움직이는 관세직 공무원분, 관세사, 창고업체, 운송업체, 포워더 그리고 수출입 업체 등 우리는 가족입니다. 각자 위치에서 최선을 다하는 우리가 있기에 대한민국 혈관은 이상 없습니다.

동행 관세사무소는 많은 업체와 좋은 분들께서 믿고 도와주신 결과 지금과 같은 성장을 이룰 수 있었습니다. 한 분 한 분 성함을 나열하고 싶으나 자제하겠습니다. 대신 직접 더 많이 인사드리겠습니다. 그분들을 잊지 않겠습니다. 머리 숙여 인사드립니다. 고맙습니다. 감사합니다.

항상 두려움과 걱정 없이 꿈을 갖게 해주신 저의 우상 김성행 아버지 존경합니다. 아버지 인생의 반만이라도 닮도록 노력하며 살아가겠습니다. 평생 뒷바라지하며 헌신한 김난영 어머니 사랑합니다. 누구보다 현명하신 김점애 장모님과 하늘에서 든든히 지켜주시는 권오운 장인어른 고맙습니다. 감사합니다.

동행 관세사무소 컨설턴트의 헌신, 열정 그리고 투지에 경의를 표합니다. 대한민국 최고의 통관 기술자인 최기석 수석 컨설턴트가 있기에 든든합니다. 사무실 마스코트인 김성태 책임 컨설턴트가 있기에 미래는 밝습니다. 묵묵히 뒤에서 챙겨주는 권소영 담당 컨설턴트가 있기에 앞만 보고 가겠습니다. 3명의 컨설턴트 외에 함께 했던 그리고 함께 하는 컨설턴트 모두 잊지 않겠습니다.

관세사무소에서 희망을 찾다

아들 김지환 군과 딸 김서영 양이 옆에 있기에 버틸 수 있습니다. 그들의 인생을 응원합니다.

마지막으로 저의 아내 권희정 님에게 이 책을 바칩니다.